JN438060

유예된 서정의 유형

지성 · 감성의 메타언어
조선문학시인선 · 313

유예된 서정의 유형

김기섭 시집

조선문학사

책머리에

누구나 그러하듯 저 역시 한 때 문학을 향한 청운의 꿈이 있었으나 부족한 자질과 게으른 공부로 인해 세월만 보냈습니다.

그러나 간혹 살아가는 순간순간 떠오르는 여러 상념들을 누군가에게 이야기 하고픈 욕망이 생겼고 그럴 때마다 서툰 글을 한 편 한 편 써 모으다 보니 새로운 문제가 생기더군요.

이 글들 하나하나가 모두 내 삶의 편린들이기에 그냥 버리기엔 무언가 아깝고 세상에 내놓기엔 너무 부끄러운 그런 마음…….

그러던 차에 제가 속한 하남시 문인협회 회장님의 "부족한 글이라 발표하지 않는다면 그 이상 발전할 수 없다"는 말씀에 용기를 내어(더 발전하고픈 욕심에) 조선문학 박진환 교수님께 도움을 청하여 저의 첫 시집으로 이 책을 내게 되었습니다.

많은 도움주신 박진환 교수님과 여러 문우 여러분께 깊이 머리 숙여 감사드리며 아직 많이 부족한 글 너그러이 해량하시고 많은 지도와 조언 부탁드립니다.

앞으로 더욱 정진하여 더 나은 작품으로 보답 드리겠습니다.

2012 새 봄

김 기 섭

김기섭 시집 차례

유예된 서정의 유형

제2부
계절이 바뀔 때면

제3부
꿈은 자유다

시집 평설

제1부

유형지로 보내지 못한 서정

정 · 1

그대와 나
,
,
,
달고 시고 쓰고 짜고 맵고 떫은
없는 듯 있는
오래된
상처 입은 심장

정 · 2

찬바람에 시린 손을
덥석 잡는 따스한 너는 누구냐?
한세상 휘저어
훨훨 날아가려는 날개를
잡는 너는 누구냐?

어느 땐 있는 듯
어느 땐 없는 듯
있는 듯 없는 듯
있을 땐 귀찮고 없을 땐 서운한

한 때는 애틋하기도 했고
사무치기도 했었지
미움에 등 돌릴 땐
가슴 아리기도 했었지

숙명으로 살다보니

그렁그렁 살다보니
이젠 눈꺼풀이 되었다
수 없이 떴다 감아도 불평 없는,

이제 살다 살다
더 추스르기 어려울 때
우리 같이
두 눈 마주보고 미소하자
그리고 그만 닫자

희생

원래 씨앗이 있었고
씨앗이 썩어 뿌리가 생겼고
뿌리가 있어 줄기가 자랐고
줄기가 있어 잎이 있었고
잎이 있어 꽃이 피었고
꽃이 져서 열매가 맺혔음이라

바람 많이 부는 날
맨몸으로 바람을 막아섰다
줄기는 꺾이고 잎은 찢기었다
꽃은 떨어지고 열매는 쭉정이가 되었다
쭉정이와 알곡은 원래 형제인 것을

사람들아!
가을을 찬미하라
한가득 결실을 축하하라
그리고 또한

그 아래 사라져간
씨앗과 뿌리와 줄기와 잎을 기억하라
져버린 꽃과 쭉정이를 잊지 마라
그 희생 위에 탐스러운 열매가 있음이라

기다림

남녘의
화사한 매화꽃 소식은
이미 들었지만

나날이
밝아지는 햇볕에
동백은 꽃망울을 키워가고

코끝에
스치는 바람에
봄날의 향기가 배어 있네

하지만
들판은 아직 하얀 겨울
난 오늘도 긴 기다림으로
목 길게 늘여 새 봄을 기다리네

회한

구십 고개 늙으신 모친
하루하루 쇠하는 삶
웃는 겉 우는 속
백세 하시것수다

부지깽이
당당히 호통 치시던
모습이 선한데
쇠한 모습 안타까워

돌아서는 길
마음은 갈래갈래
내 할 수 있는 일이 무언가
불효자는 꿀꺽 슬픔을 먹습니다

외로움

이 밤
멀리서 응급차의 사이렌 소리가 들리고
누군가 급한 호흡이 애처롭다

왠지
혼자인 게 싫어서
여기저기 전화해 보지만
모두들 뭐가 그리도 바쁜지

왠지
자꾸만 슬퍼져
신 김치 한 사발에 소주 한 잔

그것도
입에 닿지 않아 그냥
내 이야기 들어줄 친구가 그리워

세상에 사람은 많아도
주변에 아는 사람이 그리 많아도
난 오늘도 속 깊은 외로움에 운다네

소망

간밤에 마신 술이 지나쳤나
쓰린 속에 새벽잠을 설치고
어린 장닭의 서툰 울음소리에 잠을 깨서는
그저 잠시 오늘 하루 좋은 일이 있기를……

게으른 출근으로 하루를 시작하고
이 집 저 집, 이 밭 저 논
입이 마르다 보면 어느새 어스름 저녁
어째 그냥가기가 서운해
내 좋은 친구 불러 술 한 잔 나누며
정의를 논하고 세상을 재단해볼까?

내일은 주말
비가 그치면 등산을 갈까, 낚시를 갈까?
아니 아니, 삼십 여년 짧지 않은 세월
나만 바라보는 우리 이쁜 각시와 여행을 갈까?

간혹 영감이 번뜩일 때면
일필휘지(一筆揮之) 시 한 수 써 남기고
더도 덜도 말고 그저 그렇게,
땅으로부터 원망도 듣지 않고
하늘을 향해 부끄러움 없이
내 삶의 남은 부분을 채워 갈 수 있다면……

그리움

바람결에 실려온
라일락 향기 불현듯 떠오르는 옛사랑
볼이 붉어 귀여웠던 사람
라일락 향기를 참 좋아했었지
환하게 웃는 모습이
목단꽃처럼 예쁘던 그녀
언제나 친구여야 한다던 사람
분홍빛 추억은 세월에 바래고
내 인생 황혼의 언저리에
아스라한 기억으로 남은
저녁안개 같은 아련한 그리움
목마름으로 샘을 찾듯
그리움은 한잔 술을 부르고
라일락 향기 따라 커져가는 그리움
내 젊은 날의 사랑이여

눈물

비 개인 산골
골짜기 저 편에서 몰려온 어둠
바람소리도 잠든 암흑

졸졸 흐르는 물가엔
풀벌레 소리만 청아한데
문득 허전한 옆자리
떠나간 내 님이 그리워라

두 눈 가득 고인 눈물
하늘엔 수많은 별들
눈물 가득 고인 눈으로 쳐다본 별은
하늘 가득 반짝이는 다이아몬드

내 님 별은 어느 별인가?
은하수 폭포에 쏟아져 내린
방울방울 다이아몬드 눈물은
암흑 속에 빛나는 하얀 클로버 꽃밭

나는 돌이로소이다

나는 돌이로소이다
원래는 저 높은 산에 뿌리 깊은 바위돌이었소이다
장대비가 후벼 파도 돌풍이 흔들어도
꿈쩍하지 않는 기개를 가졌었습니다

어느 날,
세상에 크게 쓰이는 돌이 되겠다고
굴러 떨어져 나왔습니다
제법 반반한 게 제법 듬직한 게
세상의 초석이 될 성 싶었습니다

내가 있을 곳을 찾아 굴렀습니다
다른 돌과 부딪치고 또 부딪치고
불꽃이 튀고 모서리가 깨졌습니다
힘들고 아팠습니다

이제 나는 둥근 돌입니다

닳고 닳았습니다
서로 부딪치다 보니 작고 둥글어 졌습니다

둥근 게 살기 편합니다
주변에도 모두들 둥근 돌 뿐입니다
세상은 원래 둥글었었나봅니다

고향집

이맘때면
어머니 손때에 닦여
윤기 나던 장독대 옆
아담한 작은 꽃밭에
노란 수선화 두 송이 피었었지

뒤곁 언덕바지
성긴 대나무밭 가운데
아름드리 동백나무
동백꽃도 흐드러지게 피었었지

이맘때면
마디 굵은 손으로 가꾸시던 꽃밭
어머니도
수선화를 좋아하던
누이도 생각난다

그리운 이 가신지 오래
그 손길 빌어 그리움 심으면
어떤 빛깔의 꽃이 필까
피어 꽃물 든
그리움 달래줄까

내 고향

쾌쾌한 거름 냄새가
초저녁 흐린 안개 속에 엉기고
보리밭 사잇길엔
풋풋한 향기가 가득한 곳

나무가 있고 숲이 있고 들이 있어 좋은 곳
언제나 거기에 있어 더더욱 좋은 곳
내 옛 추억들이 살아 있는 곳
그래서 내 마음이 머무는 곳

탐진강 맑은 물이 흐르고
은어가 노니는 곳
내 옛 아픔들이 스며 있는 곳
언젠가는 내가 가야할 곳

정리되지 않은 상념들이
엉킨 실타래처럼 어지러운 순간들,

삶이 고단할 때면 생각나는 곳

한 달음에 달려가면
어머니의 부드러운 손길로 보듬어 줄 것 같은
머언 내 고향

껍데기

조개는
껍데기가
더 예쁘던가

평생을 독하게 여며 오신
팔십 늙으신 어머니
조개처럼 속 풀어 모두 다
주어버린 빈껍데기

바람 빠진 풍선처럼
쭈글한 얼굴, 파리한 미소
다 주어버린 빈껍데기

어서 가라 손사래 치는
조개껍질처럼 주름 많은 손
비어있어 더 아름다운
어머니의 허허로운 가슴

못다 한 사랑을 쥐었는가?
주름진 거친 손은
차가운 침대위에 바들거린다

장구 소리

쿵더꿍
소리가 들립니다
쿵더꿍
들을수록 신명이 납니다
쿵더꿍
무언가 맺혔습니다

쿵더꿍
슬픔입니다
쿵더꿍
분노입니다
쿵더꿍
한입니다

쿵더꿍
그저 어깨를 들썩입니다
쿵더꿍

그저 엉덩이를 흔듭니다

쿵더꿍

슬픔과 분노 한을 뭉쳐 신명으로 풀어냅니다

쿵더꿍

우리의 소리입니다

어둠

노을이 분홍색 아쉬움으로
진한 미련을 남기고 사라지고 나면
골짜기 따라 퍼져나가는
스멀스멀 검은 두려움

어둠이 장막을 드리우고
암흑이 적막으로 대지를 감싸면
평안함으로 찾는 깊은 잠
상념을 잠재운 소용돌이는 검은 죽음

한을 품은 귀신의 통곡처럼
낮게 울리는 부엉이 울음
한껏 커진 괭이의 동공마저
모두 가슴에 품은 어둠
밤은 지친 영혼의 안식처

어둠 속에서 꿈을 꾼다

밤은 꿈꾸는 자의 것
이 밤 지친 영혼들이여!
어둠이 주는 평안 속에 너의 꿈을 꾸어라

내 어머니를 보낸다

서산에 노을이 물들 때
그 분은 숨이 가빴다
가쁜 호흡 따라 떨리는 파리한 입술은
슬픈 미소를 머금었다

그 분은 알았다 알고 있었다
이제 작별할 시간이 왔음을
차가운 입술로 짓는 미소는 오히려 따뜻했다
심장은 사랑으로 크게 뛰었다
눈물고인 눈은 슬픈 미소로 인사하였다

내 엄니는 그렇게 가셨다
새벽 어스름이 어둠을 밀어내고
새 날 여명이 밝을 무렵
훨훨 슬픈 미소로 가셨다

나는 내 어미를 보낸다

삭여지지 않는 뜨거운 무언가를
목젖 깊이 꿀꺽 넘기며 내 어미를 보낸다

꽁꽁 묶어 꽁꽁 묶어 내 엄니를 보낸다
잘 가소서 잘 가소서
잊지 않으리 잊지 않으리
내 삶이 다하는 날까지
당신을 잊지 않으리

천국에 드셨으니

내 어머니
가신지 벌써 49날
어이해 꿈속에도 아니 오실까?
어이해 단 한 번도 아니 보이실까?

엎드려 절하는 손이 시려워
눈물인지 콧물인지 볼이 시려워
눈 쌓인 산등성이엔
칼바람만 몰아치네

제 몸 하나 춥다고
칼바람 하얀 눈발에
내 어버이 두고 떠나네
차가운 겨울 산중에 두고 떠나네

천국은 천국이라
춥고 덥고가 없으리라

내 어버이 혼백은 천국에 드셨으니
이 내 몸은 추위 피해
내 어버이 두고 떠나네

어디쯤 왔는지

햇살 따사로운 오후
까치가 나뭇가지를 모으더니
유리창을 흔드는 저녁 바람

이 바람은
남녘 따스한 내 고향
그리운 소식 담은 봄바람인가
북녘 손 시린 겨울바람인가?

베란다 창문 열고
맞이한 바람은
아직도 차가운 맵바람
봄은 아직 멀리 있는가?

남한산성 너머 밤하늘에
어른대는 붉은 기운은
정녕 봄이 온다는 소식일까?
누구 아는 이여 말해주오
내 기다리는 봄이 어디쯤 왔는지

꿈길

아직 한낮에는
태양의 열기가 가득한데
저녁녘 계곡에는 서늘한 가을기운
청아한 풀벌레 소리만 애닮고

포도송이 익어 가는데
그리운 이는 오시지 않고
허전한 마음에 젖어 오는 눈
명주 수건으로 젖은 눈 닦고
긴 밤 꿈길로 가리
그리운 이 찾아 가리

나의 눈물

나는 눈물을 흘립니다
그저 세상을 긍정하며
속절없이 늙어버린
삶이 슬퍼서

나는 눈물을 흘립니다
고목처럼 커 보였던 어른이
삭정이처럼 꺾이어
나날이 작아져가는 모습에

나는 눈물을 흘립니다
이 세상 낮은 곳에 들리는
한숨과 눈물과
신음이 애달파서

울고 또 울어
강물이 넘치고 또 넘쳐도

세상은 여전히 그러하건만
울다 울다 지친 가슴은
오늘 새 그림을 그립니다
다시는 울지 않을 새 그림을

제2부

계절이 바뀔 때면

봄 그리고 산

봄
비가 왔다
젖은 산은
안개로 스스로를 감추었다

계곡
물소리 새소리
산의 노랫소리

살아 움직이는 숲
온갖 생명이 용쓰는 소리
아홉치 내 발끝을 둘 곳이 없구나

계절이 바뀔 때면

계절이 바뀔 때면 늘 그랬지
노오란 수선화가 필 때까지는
누런 황토 바람이 하늘을 채우고
때 잊은 함박눈이 세상을 덮곤 했지

계절이 바뀔 때면 늘 그랬지
매미소리 여름을 찬미할 때 까지는
천둥이 울고 번개가 눈을 부라리고
세찬 빗발이 대지를 할퀴었지

계절이 바뀔 때면 늘 그랬지
토실토실 밤톨이 떨어질 때 까지는
큰 바람 광풍에 전깃줄이 울고
간판이 날려 거리를 배회했지

계절이 바뀔 때면 늘 그랬지
좋은 사람과 만나기로 한 첫눈이 올 때까지는

찬바람에 떨어져 길가에 뒹구는 낙엽에
인생이 무상함을 깨닫곤 했지

계절이 바뀔 때면 늘 그랬지

꽃비

밝게 웃는 당신은
한 송이 꽃
봄 햇살이 피워 올린
화사한 한송이 꽃

나는 바람
가볍게 날고 싶은,
그러나 결코 가볍지 못한
나는 궂은 바람

봄날
심술 난 바람이
꽃송이 흩날려
꽃비가 내린다

흩날리는 꽃잎에
바람은 가벼워졌다

훌훌 다 털고
가벼운 바람은 꽃잎을 날린다

꽃은 바람을 만나 꽃비가 되었다
바람은 꽃을 만나 꽃비가 되었다
꽃과 바람은 함께 꽃비가 되었다

3월의 눈꽃

어제는 촉촉하게 비가 오더니
봄을 재촉하는 비인가 했더니
겨울이 감을 슬퍼하는 비였는가?
밤새 세상이 하얗게 변했다

길 위에도 집 위에도
봄을 준비하던 나뭇가지 위에도
하얀 겨울이 내려앉았다

아름다움을 토해내는
여인네의 탄성 속에
겨울이 끝나감을 아쉬워하는
봄이 옴을 시샘하는
겨울이 남긴 하얀 비경

쓸 수 없음을 알면서도
그릴 수 없음을 알면서도

그래도 나그네는 펜을 든다
자연이 남긴 비경의
맨 끝 한자락 만이라도
붙잡아 두고 파서……

봄기운

어제는
들녘 양지쪽에
냉이가 푸르더니

오늘은
산자락 생강나무
노오란 꽃망울을 달았다

진달래
겨우내 생기 없던 마른가지
봄을 품어 보랏빛으로 부풀었다

봄빛은 무슨 색일까
어른거리는 아지랑이 속에
들마다 골마다 봄기운이 짙어간다

봄을 기다리며

흰 눈도 스러져간
겨울의 끝자락 빈 들판
아지랑이는 아직 피어오르지 않고
아지랑이 간지럼에 피어날 새싹 또한
겨울 긴 잠에서 깨어날 줄 모르네

봄이 오면 무언가
좋은 일이 있을 법도 한데
몰아치는 바람 건너 저 만치
봄은 틀림없이 오고 있으련만
금방 올 듯 아니 오는 봄이여!

빈 들판보다 더 허허로운 내 가슴
사슴처럼 길어진 목으로 봄을 기다린다
봄이 오면 그저 좋은 일이 있을 것 같아서
허허로운 이 가슴이 포근해질 것 같아서

봄이 오면

봄이 오면
천안공원묘원
내 어버이 무덤에 찾아 가서 큰 절하고
상석에 글 한 편 올려야겠다

지난 겨울
얼어 죽을까봐
흰 눈 속에 어버이 두고 가며
마음속으로 슬피 울었노라고

바쁘게 살다보니
어버이 생각 언듯언듯 잊었었지만
그래도 자주자주 생각하노라고
간혹은 어버이 생각나는 한 줄 글에
콧날 시큰할 때도 있노라고

봄이 오면

내 어버이 무덤에 찾아가
긴 시간 넋두리나 하고 와야 겠다
산다는 게 쉽지 않은데
그곳은 어떠시냐고 여쭤봐야겠다

채송화

돌 틈
손톱 두 개 만한 흙에
작은 채송화꽃 한 송이 피었다

사나운 비바람
뜨거운 불볕 이겨내고
노오란 꽃술을 붉은 꽃잎으로 감쌌다

작은 아이가
채송화에 노란 광배(光背)를 그렸다
채송화는 이제
찬란한 꽃무리가 되었다

길 가던 할머니
합장하며 지나간다
작은 꽃은 이제
경외의 대상이 되었다

장미

젊음의 붉은 열정
울타리를 덮은 장미는
흐드러져
화려함을 뽐내는데

그 아래
비명을 지르며
뚝뚝 떨어지는 피
효용을 다한 꽃잎들

이 악물어 아픔을 참고
아우성을 쳐보지만
들리지 않는 메아리
독기 품은 가시를 감춘다

꽃은 반드시 시들고
화려함 뒤엔 반드시 희생이 있으니
울타리 덮은 꽃 아래
허무의 잔해 회한에 젖어 있다

오월 · 1

지난 겨울
날 선 칼바람은
오월을 잉태한
새색시의 입덧이었는가?

드러나지 않으려
연한 빛으로 살며시 고개 내민
색색의 여린 새싹
온 산하에 가득한 생명의 손짓들

한 마리
흰나비의 날갯짓에
일어난 한 점 상큼한 바람

늦게 핀 벚꽃이 꽃잎을 떨구고
꽃잎은 그대로 꽃비가 되었다
꽃비는 계곡에 여울져 꽃 여울이 되었다

오월은 어머니
여린 부드러움으로
화사한 색의 향연으로 꽃으로 잎으로 새싹으로
여름의 왕성함을 가을의 풍요로움을 잉태한 계절의 어머니

오월 · 2

장미는 아직 피지 않았소
사슴처럼 목 길게 늘여 나는
담벼락 붉게 덮은 장미를 기다린다오

가시에 찔려 흘린
한 방울 붉은 핏물이
온 담벼락을 물들인 듯
불타는 장미의 열정을 기다린다오

사랑하는 사람에게
붉은 장미꽃 한 다발을 안기우리라
손가락을 찌르는 가시의 아픔도
난 참을 수 있다오
가시는 그대의 질투어린 사랑임을 알기에

오월은 계절의 여왕
오월은 장미의 계절

또한 오월은 사랑의 계절
오직 그대 위한 한마음으로
장미꽃 피기를 기다린다오

함박꽃

밤새
소쩍새
소쩍소쩍 울어대더니
화사한 꽃 한 송이
피었습니다

소쩍새 울음으로
불러 온 꽃
분홍빛 화려한
한 송이 함박꽃

환한 자태에
향기마저 높다면
별은 밤하늘로 가지 못했으리
가냘픈 향기가 부끄러운 함박꽃이라오

달맞이꽃

서산에 노을이 지면
수줍게 웃는 달맞이꽃
어둠 속에 분주히
사랑하는 님 맞으리

밤이슬로 세수하고
두근두근 설레는 맘
은은한 향기로 뿜으니
산들 바람도 시샘하는가

아무도 모르게
달님과 노오란 꽃
밤은 둘 만의 시간
벌도 나비도 잠 자거라

산골의 여름

지난 봄
분홍빛 꽃잎 떨어뜨린 가지에
주렁주렁 열린 복숭아
가꾸지 않아 못생긴 털북숭이 열매

소낙비가 몰고 온 여름은
복숭아 뱅뱅 맴도는
작은 여울 속에 쉬고
농가 지붕 위에
빨간 고추잠자리 떼 지어 날더니
할머니 정성스레 말리는 빨간 고추꼭지에
머리통 갸웃하고 투명 날개를 펼치고

느티나무에 터 잡은 매미소리 요란한데
매미 합창 자장가 삼아 나무그늘에 은박돗자리
거나한 소풍객 꾸벅꾸벅 여름날이 졸립다

나그네여!

산골에 한가로운 이 여름만 보지마라

이 여름이 가면 결실의 계절!

산과 들엔 결실로 풍성하겠지만

반백의 이 내 몸은

찬 서리 내릴 갈색가을이 반갑지가 않다오

비오는 밤

밤새
소쩍새 그리 울어대더니
오랜 벗이 떠난다는 소리였나 봅니다

삼십년
오래 묵은 벗이 떠나갔습니다
굽은 등에 슬픔을 지고 떠나갔습니다

한잔 맑은 술에
슬픔을 녹여 밤새 마셨습니다
취하면 혹여 안 슬퍼질까 하고

안경 너머로
시야가 자꾸만 흐려집니다
빗물이 들어갔나 봅니다

취한 손에

글자가 자꾸만 헛 쓰입니다
이젠 그만 쓰렵니다

후두둑 후두둑
창 밖에 굵은 비가 내립니다
내 마음 속에도 굵은 비가 내립니다

장대비

간밤
하늘이 소리치며 울더니
계곡이 소리쳐 대답한다
울라고, 울 일이 있으면 울어야 한다고

구름이 태양을 가리고
형형한 눈빛으로 찾는다
하늘을 향해 부끄럽지 않은 자 어디 있느냐고

두려움에 낮게 엎드린 초목 위로
연민을 쏟아 붓는 장대비
개천은 세상의 온갖 오염을 배설한다

장대비야 내려라
좍좍 쏟아 부어라
형형한 눈빛으로 큰 연민으로
이 세상 아픔을 모두 쓸어 가버려라

정화된 아름다움만을 남겨 두어라

장대비는 큰 사랑
등 다독이며 위로하던 큰 누이
장대비는 두려움
회초리 들어 호통치시던 백부님

장마 · 1

줄기차게 내린다
참 끈기도 좋다
땅도 젖고 내 마음도 젖고
젖은 가슴 눈물이 흐른다

낮은 곳에서
흘리는 눈물이 또 다시
낮은 곳으로 모여 홍수가 되었다
이 홍수는
빗물인가 눈물인가

뉘 있어
젖은 눈물 닦아줄까
뉘 있어
젖은 마음 말려줄까

또한

이 홍수는 어이할까
탁수여
가난한 누이네 기웃대지 말고
우울한 이 마음이나 쓸어가려무나

장마 · 2

혹여
안 젖은 곳은 없는지 살피면서 적신다
미동도 없이 촘촘히 내려 꽂힌다

오늘 이사하는
명구네는 어찌할까?
반 지하방 찬수할머니 댁은 괜찮은가?

물기 가득 머금은 길 위로
원래 없던 작은 도랑이 흐른다
풀벌레도 조용하고 새소리도 멈추었다
오직 뱀의 혓바닥 같은
빗소리만 가득하다

오늘
고단한 삶의 긴 한숨소리
나뭇잎을 두드리는

빗소리를 뚫고
낮게 낮게 메아리 친다

긴 비는
사방에 내리지만
낮은 곳으로 모이는 게 물의 이치련만
긴 한숨소리는 낮은 곳에서 더 크다
긴 한숨이 환희의 외침이 될 수는 없는가?

한 여름날

한 여름날 땡볕에
온도계의 빨간 막대가 한껏 치솟는다
온 몸의 땀구멍이 연신 물기를 내뿜고
진화된 인간의 노란 솜털은 모조리 지쳐 누웠다

한 여름날 땡볕에
내 대머리 친구는 폭염에 머리 벗겨지지 않았을까?
옆집 덜 진화 된 수염 털보는 더 더울까 덜 더울까?
대머리와 털보는 누가 더 더위를 잘 견딜까?

땡볕 따가운 여름날
더위 먹은 잡념이 길어질 때
숲 속에 후투티 길게 울어 잠 깨우고
삐죽삐죽 어린가시 밤송이 영그는 소리
고추잠자리 날갯짓은 가을을 부른다

가을 때문에

매연을 내뿜고 버스 떠난 뒤
할머니 구부정한 허리에 달랑거리는 배낭
그 위로 배추흰나비 팔랑대고

아직은 푸른 은행 나뭇잎 너머
담쟁이 넝쿨 붉고 노란 가을을 입고
주인을 반기는 누렁이 반가워 껑충댄다

어제나 오늘이나 또 그 전에나
늘 있던 풍경인데
오늘 갑자기 내 눈에 보이는 건
그건 가을이기 때문이라
까닭없이 쓸쓸함은 가을 때문이라

가을엔

가을엔
토실토실한 알밤을
함께 주울 사람이 있으면 좋겠어요

가을엔
코스모스 한들한들 한가로운 들녘을
함께 손잡고 걸을 사람이 있으면 좋겠어요

가을엔
잔잔한 호숫가에 떨어지는 낙엽을
함께 바라볼 사람이 있으면 좋겠어요

가을엔
눈빛 그윽하게 서로 바라볼 수 있는
사람이 있으면 좋겠어요

그렇게 서로 기대고 그렇게 서로 의지하는
따스하고 든든한 사람이 있다면
쓸쓸한 이 가을도 슬프지만은 않을 거예요

만추

바람 부는 날
내가 노여워함은
단풍이 다 지기 때문이요

궂은 비 내리는 날
내가 슬퍼함은
꿀벌의 날개가 젖기 때문이요

햇살 따사로운 날
내가 미소 지음은
한들거리는 국화꽃 향기 때문입니다

이 가을, 나는
흐려져 가는 기억들의 파편을 모아
단풍과 꿀벌과 국화향기로
어머니, 당신을 기억합니다
당신의 눈길이 거기 있음을 알기에……

단풍잎

안개비 내리는 날
맑은 물 흐르는 한계령
계곡 옆 붉은 단풍나무 한 그루

매서운 추위 뜨거운 태양
삼백 예순 다섯, 많은 날들의 사연들
다섯 손가락 빠알간 단풍잎에 담았네

북풍 찬바람에 등 떠밀려
이제 정든 가지 떠날 시간
저 산 머리 붉게 물들였던
저녁노을을 사랑하는가?

안개비에 젖어 떨고 있는
노을색 빠알간 단풍잎
겨울, 봄, 여름, 가을 수많은 이야기들
더 이상 감출 수 없어 다 드러난 이 가을
빠알간 얼굴이 눈물에 젖었네

입추

들길을 걸어보세요
낮은 아직 여름의 끝자락
느티나무 가로수에 매미 한 마리
목청껏 짝을 찾네요

들길을 걸어 보세요
밤은 이제 가을의 시작
밤 풀밭은 합창단
청아한 풀벌레 소리가 들려요

들길을 걸어 보세요
좋은 사람과 함께
바람소리 물소리 풀벌레소리
발길이 절로 흥겨워져요

가을 숲 속

저녁 햇살이
붉은 잔광을 길게 비추다 가면
슬금슬금 내려오는 어둠
어둠에 밀려 더 빨라지는 숨소리

소나무 삭정이 떨어지는 소리에
놀란 산새는 날갯짓이 분주한데
언뜻 이슬로 물들인 계곡
푸른 물빛마저 노랗고 빨갛고

갈색으로 쉬고 있는 피곤한 나뭇잎
이제 곧 길손 되어
삭풍에 몸 싣고 긴 여행을 가려는가

가을 물가에서

하늘에 새털구름 한자락
추석은 낼 모랜데 아직
덜 찬 달은 휘영청 밝구나

잉어 큰 뜀뛰기에
맑은 물 동그라미 파장을 그리고
물속에 빠진 달이 크게 일렁일 때

낚시꾼은 무엇을 낚는가?
검은 산 그림자 드리운 강물 속에
파란 찌 불빛 세월을 낚는 도깨비불

풀벌레는 가을을 노래하고
바람에 우수수 소리치는 나뭇잎
누런 들녘은 가을이 깊어 간다

밤새 눈이 왔어요

간밤
밤새 아주 조용했습니다
간밤에는 질주하는 자동차 바퀴도
비명소리를 지르지 않았습니다

간밤
난 아주 깊이 잠들었습니다
기억하지 못하는
그러나 왠지 행복한
긴 꿈을 꾸었습니다

아침
세상이 변했습니다
온통 하얗습니다
어두움을, 더러움을, 헝클어짐을
하얀 눈이 모두 덮었습니다

세상은
또 다시 거기 그렇게 있겠지만
오늘만이라도
오늘 단 하루만이라도
하얀 순결로 있어주오
포근한 꿈으로 있어주오

겨울산

보았는가?
속살 다 드러낸 겨울산
벌거벗은 나무가 부끄러워
산허리 걸린 석양에
하얀 눈밭 붉게 물든 것을

들리는가?
행복한 신부의
하얀 드레스 끄는 소리처럼
바람에 흔들리는 마른 풀잎소리
백설 순결한 겨울산의 이야기가

느껴지는가?
어둠이 내리고
모두 떠나 가버린 빈 산
봄을 기다리는 나목(裸木)의 꿈이

산은 안다네
계곡 얼음은 빙하를 이루었지만
어느새 손가락 한마디쯤 길어진 해
고로쇠나무는 올해도 단물을 만들며
한 겹 나이테에 오늘의 일을 기억하겠지

겨울엔

겨울엔
하얀 눈밭에
뽀드득 뽀드득 발자국을 찍으며
함께 걸어줄 사람이
있었으면 좋겠어요

길가 포장마차에서
모락모락 김나는 어묵 국물 한 사발을
함께 나누어 마실 그런 사람이
있었으면 좋겠어요

찬바람이 불면
내 외투 주머니를 빌려 드릴께요
그래도 추우면 내 외투로
그대 어깨를 덮어 드릴께요
그대는 그냥 내게
해맑게 웃어만 주세요

겨울엔
하얀 눈밭에
뽀드득 뽀드득 발자국을 찍으며
함께 걸어줄 사람이
있었으면 좋겠어요

눈 오는 날

눈이 옵니다
머언
기억 저편에
버려져 있던
누군가를 그리워하는 마음이
흰 눈으로 내리나 봅니다

눈발이
굵어 졌습니다
어둠이 내리는
거리위에 쌓여 갑니다
그리움도 그만큼 쌓여 갑니다

보고 싶은
사람은 멀리 있습니다
흩날리는 눈발 때문인지
기억속의 모습이 흐릿합니다
안타까움으로 애달픈 가슴이 뛥니다

제3부

꿈은 자유다

태백산

평범한 듯 비범하고
낮은 듯 높은
한 땅 누리의 등줄기
옹골찬 산이여

골짜기마다
조잘대는 옛이야기
만년을 이어온 수다
희로애락 녹아든
청정옥수 또한 시원하다

장군봉 드높은 기상
천제(天祭)단에 엎드려 경배하고
발아래 세상 굽어보며 큰소리치니
이 몸이 장군(將軍)인 듯
이 몸이 천제(天帝)인 듯

산

거친 숨소리
흐르는 땀을 닦으며
산을 오른다
정상에는 무엇이 있는가

나무 풀 가시덤불이
길을 막는 것은
무언가 감추고 싶어서 일거야

바위와 절벽이 길을 막고
계곡이 길을 끊는 것은
보여주고 싶지 않은
무언가가 있기 때문일거야

감추고 싶은 것은 무언가
보여주고 싶지 않은 것은 무언가

숲을 키우는 등성이
골마다 흐르는 약수
그 곳은 생명의 본향
산자락 너른 품으로 뭇 생명을 키운다

수덕사에서

바람에 흔들리는 풍경소리
국화꽃 향기 실어 솔밭에 가득한데
아리따운 비구니는 간 곳없고
법령 높은 비구니 깊은 주름은
부처 향한 평생 연정의 깨달음이련가

오욕칠정 다 버리고 법문에 들어
대웅전 금빛 부처께 깨달음을 구하는데
눈 부라린 사천왕상 앞
참배객의 호기심만 높구나

산방 댓돌
하얀 고무신 한 컬레
주인은 어디가고
덕숭산 자락 명당 터
덕숭총림 수덕사에 가을이 깊어간다

밤에 우는 숲

숲이 운다
안개로 감추고
뚝뚝 굵은 눈물을 흘린다

나날이 차가워져 가는 바람
떠날 준비 하는 나뭇잎은
어느 새 색깔 옷으로 갈아입었다

한 줄기 바람에
낙엽 한 잎 뚝 떨어져 내리고
온 숲은 한꺼번에 흐느꼈다

무심한 상현달은 아는지 모르는지
안개에 잠긴 숲은
이별이 아쉬워 밤새 운다

사진첩

사진첩을 펼치다가
눈물이 왈칵 솟음은
눈에 티가 들어갔기 때문이요
가슴이 먹먹해짐은
심장이 나쁜 까닭이요
코가 막힘은
감기에 걸렸기 때문이라

그래도 그래도
감추어지지 않는 것은
어버이 향한 그리움
새록새록 세월 가니
즐거웠던 기억은 간곳없고

천년바위에 양각된 글자처럼
점점 또렷해지는 건
불효의 아픈 기억들

빛바래가는 사진보며
깊어 가는 건 그리움
커가는 건 늦은 후회뿐

대나무

장맛비 굿게 내리던 날
꿈틀 용쓰고 솟아올랐다
오직 한 길
창공을 향해 뻗어 나갔다

꾹꾹 눌러 담은 지혜를
마디마디 푸르게 펼쳐 나간다
구부러지고 휘어짐은 본 모습이 아니다
오직 올 곧은 덕성으로 바른 기상으로

모두 함께 모여 어깨를 겨루고
때론 경쟁하고 때론 협력 한다
바람은 비켜가고 지진도 피해 가고
삭풍에 지친 비둘기만 날개를 쉬었다

추석 대추 따던 장대로
연못에 붕어 낚던 낚싯대로

울타리 되어 음흉한 눈길 막고
눈물 가득 새색시 신행길도 따라 갔었다

악동의 종아리를 단련시켜
나라의 동량으로 만들기도 했었지만
어쩌다간 활로, 죽창으로
피 묻은 역사를 쓰기도 했었다

이제 더 이상
휘어지지 말고
아프지도 말고 피 흘리지도 말고
청공 지공 어울진 공명으로
삼 음역 넘나드는 대금이고 싶다

대금 소리

들릴 듯 말 듯 가냘프게 풀어낸다
한을 실은 명주실이다

격정으로 일갈하다 뚝 끊기고
끊긴듯하다 또 흐른다

고막을 울리는 아름다운 음색은
슬픔을 머금었다

끊기고 이어짐은 흐느낌이다
바위를 때리는 성난 파도이다

갈잎을 흔드는 숨으로
삼 음역을 넘나들어
혼을 부르는 공명으로
사나흘 내 귓가에 맴돈다

퇴근길

주말 저녁
어스름이 내려앉는 거리
시장통에 아낙의 종종 걸음
주방에 가득한 찌게 내음

부산한 자동차엔진의 떨림 속에
한 짐 가득
펑퍼짐한 엉덩이로
깔고 앉은 하루의 피로

스스르 몰려온 졸음
눈앞에 가물거리는 산골 계곡
잔뜩 찌푸린 창밖 하늘
부디 내일은 화창하기를……

일상

비가 그치고
산허리를 감싸고도는 물안개
점령군처럼 어둠이 밀려 온다

하나 둘 밝혀지는 도시의 불빛은
제 몸을 태워 어둠을 밀어내는 저항군
매미 소리도 잠자고
끈적이는 여름밤
점점 깊어가는 어둠의 점령지대

그러나 결국 밤은 지나고
서툰 장닭의 울음 속에 아침은 밝는다
간 밤 꿈이 좋았으니
오늘은 좋은 일이 있으려나
아니 그저 궂은 일만 없었으면

반딧불이

개똥하고는
만난 적도 없건만
모두들 개똥벌레라고 하네

맑은 개울에
여섯 번 허물 벗어
정갈한 황금색 빛을 얻었다네

내 빛은
공들인 선비의 빛
형설지공을 아는가

꿈 많은 어린 시절
호박초롱 만들며 놀던
옛 친구가 그립구나

동해 일출

하늘도 검고 바다도 검고
어디가 바다이고 어디가 하늘인지
암흑만이 존재하는 바닷가
파도도 조심스럽더니
어둠을 밀어내고
하늘과 바다를 가르는
열정의 붉은 태양이 솟더니
큰 함성 붉은 검이 되어
동해바다를 둘로 갈랐다
놀란 어둠은
혼비백산 물러나고
덩달아 놀란 바다는 비명을 지르며
하얀 파도로 부서진다
통통통 겁먹은 쪽배
하얀 포말로 저항해 보지만
이내 강렬한 검광(劍光)에 매몰되고
바다는 온통 금빛으로 넘실댄다

금빛 도포 입은
백두대간의 준령들은
동해바다 붉은 검 든
왕의 재림을 환영하는가?
모두 숙연히 무릎 꿇어 엎드렸다
사람들아
죄짓지 말아라
동해바다 붉은 해가
네 검은 속도 다 비추리니

별똥별

별똥별은 칼이다
어둠을 가르고
홀연히 사라지는

별똥별은 열정이다
제 몸을 태우며
그리움 찾아 달려오는

별똥별은 추억이다
떠오르는 얼굴이 있어
가슴 아려 오는

그러나 결국
별똥별은 허무이다
어둠도 여전하고 그리움도 여전하고
아린 가슴만 남아있다

새벽

새벽 닭울음소리
귀신을 불러 모으고
어둠의 장막이 걷히면
여명 속에 드러나는 낯선 실루엣

밤새 토해 놓은
뽀우연 산의 정기
부지런한 산새는
긴 울음으로 아침을 맞는다

동녘
산허리가 밝아 올수록
저마다의 소리로 깨어나서
긴 하품으로 시작하는
소란스런 삶의 모습들

꿈은 자유다

이젠
누구의 눈치도 안보고
아무것도 생각 말고 오직
한 여인과 뜨거운 사랑을 해야겠다
더 늙기 전에
열정적으로

올 여름엔
내 뜨겁게 사랑하는 사람과
바다가 좋은 남국으로 훌훌
한 달쯤 긴 여행을 떠나야겠다
낚싯대도 챙겨 들고

내년 봄엔
깊은 산골 양지쪽
부드러운 산자락에 기댄
초막집 한 채 사서

감자 심고 옥수수 심고
내 뜨겁게 사랑하는 사람과
알콩달콩 재미나게 살아 봐야겠다

꿈은 자유다
불현듯 잠 깬 새벽
뒤척이는 침상 위에
자유로운 꿈이 펼쳐진다
이루어질 것 같지 않은 행복한 일탈이

검단산

정상에 서면
동쪽으로 엷은 안개 속에
남, 북한강 경안천 물길이
십자(十字)로 모여든다

두 물 머리 머리말에
가로누운 느낌표(!) 섬
다산 선생 잠든 묘 앞
물음표(?)로 휘감아 도는 강물
검단산 정상에 선 그대여
무엇을 느끼고 무엇을 생각하는가

남쪽으로 부드러운 능선을 잇대어
용마산과 어깨를 맞대고
서쪽으론 온갖 삶이 뒤엉킨
세속의 소음이 웅웅거린다

오호라 사람들아
북쪽 팔당댐 아래 협곡에
한강수 맑은 물이 흐르나니
더러 살다가 오염된 눈과 귀 깨끗이 닦고
우리 검단산 신선이야 못되겠지만
하늘 땅 부끄럽지 않게는 살 수 있지 않겠는가

옹달샘

산벚꽃잎 날리는
바위 아래 척박한 돌 틈
겨우내 침묵으로 준비한 선물인가
자줏빛 진달래꽃무리
모진 바람을 이겨내고 활짝 피었다

벚꽃잎 진달래꽃잎
함께 흐르는 바위 밑 옹달샘
타는 목을 적시는 단물 한잔
깊은 감사로 마신다

이 세상 살다가 살다가
큰 나무 되지 못하였지만
언제나 거기에서 누구에게나 기꺼이
천년 감로수를 내어주는
옹달샘이고 싶다

남한산성

호병의 함성 요란했던
병자호란 서슬 시퍼런
칼 아래 스러져간
한 맺힌 민초들의 핏빛이련가
남한산성 성벽 아래
유난히 붉은 진달래꽃

산골짜기에 핀
노오란 생강나무
가장 먼저 봄을 알리고
산새들 짝 찾는 울음소리 바쁜데

법화골 연자방아는
더 이상 돌지 않고
고즈넉한 봄날 오후는
아지랑이 속에 저물어 간다

한려수도

누가 비취색이 곱다고 했나
그 보다 더 고운 건
남녘 한려수도 푸른 바다

누가 에메랄드가 아름답다 했나
그 보다 더 아름다운 건
한려수도 푸른 바다에 점점이 뜬 섬들

하늘은 파랗고
바다는 그보다 더 파아랗고
억겁 세월 하얀 파도는
기기묘묘한 바윗돌로 남았다

그대여! 우리 같이
세상살이에 찌든 먼지는
남해바다 하얀 파도로 씻어 버리고
비취빛 바다에 뜬 에메랄드
그림 같은 저 섬에 들어
우리 죽는 날까지 신선이나 되어 볼까

적송(赤松) 예찬

어제는 큰 바람 불고
하늘이 통곡하며 울더니
남한산성 골짜기도 따라 울었다

크고 작은 계곡마다 좔좔좔
물방울들의 숨가쁜 이야기
저마다 흘러온 여정을 하소연 하는 듯
계곡은 오늘도 자진 울음을 운다

힘센 태풍에 힘겨워
부러지고 쓰러진 나무들
안타까운 아픔이 스러진 그 곳엔
우람한 적송 붉은 기둥이 서 있다

시련을 견딘 당당한 붉은 어깨
적송(赤松)은 천년 세월의 영욕을 간직한 체
사철 푸른 머리로 하늘을 이고
고골 아흔 아홉 골을 내려다본다

낚시

긴 긴 날 오후
바람 한 점 없는 호수가 거울처럼 마알갛다
세상은 그렇게 평온하다
왕잠자리 날갯짓에 수면은 파장을 그리고
빨간 모자 찌가 솟아오른다
오르는 것은 주식값
힘센 자가 먼저 갖는 게 세상의 이치야
초릿대가 허리를 구부리고
욕심 많은 붕어가 퍼덕인다
어망은 허망한 욕심의 귀결,
누군가에 꼬리를 잘려 먹힌 붕어
물속은 삶과 죽음의 전쟁터
미소 띤 얼굴은 날카로운 낚시 바늘

잔잔한 호수의 평화는 거짓,
왕잠자리 꽁지가 일으킨 파장은 참,
향기나는 떡밥은 유혹

허리 크게 구부린 초릿대는 노동

어망은 감옥 삶은 죽음으로 가는 여정

시간은 나의 편이 아니야

시간을 채워 가는 건 거짓과 참과

유혹과 욕심과 노동으로 버무린

그냥 내 삶을 엮어가는 붕어의 누런 비늘일 뿐

난 오늘도 무심한 마음으로 호수에 낚싯대를 드리운다네

운두령

운두령 천백고지
하얀 구름 속에 감추고
적송 붉은 기둥은 한껏 가지를 열어
뽀얀 구름을 떠 받쳐 올렸다

초목은 한껏 푸르러
제 모습 자랑하건만
감추고 싶은 게 무언가
보고 싶지 않은 게 무언가

흰 구름 장막 속에
굽이굽이 높은 고갯길
청아한 새소리 모습은 없고
재잘재잘 흘러내리는 시 맑은 물

차령산맥 드높은 준령들
계방산의 서쪽 구름을 인 고갯길
나그네의 거친 숨소리가
탄성으로 터지는 곳 운두령

영전마을

어머니의 가슴 같은
부드러운 산자락에 기댄 한 송이 꽃 같이
탐스러운 정자나무가 아름다운 곳

멀리 며느리 바위의 전설이 우뚝 서 있고
동학의 마지막 붉은 피가 흘렀던
너른 들판이 가지런한 곳

옛 날 내 할아버지의 할아버지가
사래 긴 밭을 일궜던 곳
길 영(永) 밭 전(田) 마을

내 탯줄이 묻히고 내 꿈이 자랐던 곳
내 정겨운 사람들이 사는 곳

내 노년에 꼭 가고 싶지만
못 갈까 봐 두려운
잊지 못할 나의 옛 집 영전마을

초등학교 동창회

43년 만에 초등학교 동창이 모인단다
들뜬 기대로 가슴이 설렌다
회색빛 머리칼에 처진 눈꺼풀의 노년이
낯선 얼굴로 어설프게 다가왔다

강산이 네 번이나 변한 사이
빡빡머리 짱구는 대머리에 반백이 되었다
단발머리 소녀는 주름 쭈굴한 할미가 되었다
까맣게 잊은 듯 잊어버린 듯,
그러나 기억의 저 밑바닥에 누워있던 정겨움이 깨어났다
있지 않았던 원래 없었던 듯 했던
오래 전의 시간과 사건들이 다시 생명을 얻었다

가슴이 먹먹하다 머리 속이 하얗다
이것은 기쁨인가 슬픔인가?
아냐, 이것은 행복함인거야

친구야
우리 이제 자주 보자꾸나
그래서
옛 기억을 안주삼아
한 잔 술에 행복해 보자꾸나
친구야 내 오랜 친구야

정남진의 새벽

우르릉 쿵쾅
밤새 큰 비가 내리더니
새벽녘 장닭이 홰를 치고 울었다

빽빽이 자란 왕대밭
왕대 끝에 머문 바람
이슬을 털고 비상하는 빨간 잠자리

졸린 눈을 비비고 동네 한 바퀴
편백숲 냄새 싱그러운 길
잘난 장닭이 홰를 치듯 헛-둘!

구월 초 정남진 장흥 평화마을
외진 대나무숲 낡은 기와집
하얀 꽃향기가 은은하다

■ 시집 평설

非情의 시대, 가슴을 적셔주는 서정미

박 진 환

(문학박사 · 문학평론가)

非情의 시대, 가슴을 적셔주는 서정미

박 진 환
(문학박사 · 문학평론가)

1. 전제

문단 데뷔를 전후로 쓴 80여 편의 시를 한데 묶어 엮어낸 『유예된 서정의 유형』은 김기섭 시인의 첫 번째 시집이 된다.

첫 번째 시집이 주는 의미는 크다. 그것은 시집으로써 내딛는 시와 시인의 길을 걷는 기점을 설정한다는 점에서도 그렇지만 그보다는 초기의 시편들을 묶어냄으로써 새로운 출발과 다짐으로 스스로의 변신을 꽤할 수 있기 때문이다.

흔히 주변에서 목도되는 바이지만 그만그만한 습작의 울타리를 벗어나지 못하고 그 변두리를 맴돌고 있는 시인들이 얼마든지 발견되기 때문이다. 그런 점에서 첫 시집은 출발 신호와 함께 스스로의 궤적을 설정, 비로소 시인으로 출발하게 해준다는 점에서 그 의의는 크다 할 것이다.

김기섭 시인의 경우도 예외는 아닐 것으로 여겨진다. 그것은 수록된 80여 편의 시가 데뷔를 전후한 습작기에서 등단 초기에 씌어진 작품들이고, 이를 한데 묶어 엮는다는 것은 나름대로의 시인의 길을 내딛는 당당한 행보를 보여준다는 점에서 그러하다.

3부에 나누어 시적 성향 별로 묶은 제1부의 「유형지로 보내지 못한 서정」은 정서적 발상과 정서적 해석에 의존되고 있는 듯 하고, 제2부의 「계절이 바뀔 때면」은 사계의 변화를 통한 계절 감정 내지는 자연 감정에 의탁된 시편들이 주종을 이루고 있다. 그리고 제3부 「꿈은 자유다」에 수록된 시편들은 일상과 일상적 삶의 변두리에서 체험된 자아 및 인생에 대한 진술의 성격을 띠고 있다고 보여진다.

시가 개인적 정서의 표현이었건, 계절을 통한 자연 감정의 표출이었건 인생론적 해석에 의존되고 있건 그것은 순전히 시인의 선택이고 몫이다. 아이헨돌프가 지적했던 것처럼 시인은 세계의 눈이기 때문이고, 메슈 아놀드가 지적했던 것처럼 시란 가장 아름답고, 인상적이고, 다양하게 효과적으로 사물을 진술하는 어법이기 때문이기도 하다. 그런가하면 인생에 대한 비평일 수 있기 때문이다.

세계를 다양하게 보고자 하는 투시 · 투과력으로서의 안목만이 아닌, 세계를 새로이 발견하고자 하는 見者로서의 시각을 지닌 시인은 그래서 세계의 눈일 수 있게 된다. 그런가하면 시적 대상을 가장 아름답고, 인상적이고 다양하게 진술함으로써 감동을 체험하게 한다는 점에서 행복한 기록일 수 있게 된다. 그리고 자신을 비롯한 인생의 해석이나 비평을 곁들여 심미적 차원으로 고양내지 승화시켜 준다는 점에서 진선미에도 값하게 된다.

김기섭 시인이 보여준 정서적 호소력, 계절 감정의 자연교감, 그리고 인생론적 심미안에 의탁된 진술들은 전제와 맥락을 같이 하거나 잇대이고 있다고 보아줄 수 있고 시를 제시, 이를 구체화했을 때 김기섭 시인의 시적 본질이나 진실은 극명해질 것으로 여겨진다.

2. 시집 내면 풍경

먼저 정서적 호소력과 설득력으로 작용하는 시편들부터 제시해본다. 제1부에 수록된 「정 · 1」 외 20여 편의 시는 발상의 진원이 정서에서 비롯되고 있다. 달리 지적하면 가슴으로 썼다는 지적이 되는데 엘리엇 식의 정서로부터의 도피에서 보면 현대시의 과거형이 될 수도 있지만 가슴을 상실하고 살아가는 非情의 시대, 그리하여 정이 뿌리할 수 없는 메마르고 삭막한 시대에 살면서도 아직 메마르지 않는 정서적 호소력

을 지니고 있다는 것은 살아 있는 휴먼에 값할 수 있을 것으로 여겨진다. 몇 편의 시를 제시해본다

가) 이 밤

멀리서 응급차의 사이렌 소리가 들리고
누군가 급한 호흡이 애처롭다

왠지
혼자인 게 싫어서
여기저기 전화해 보지만
모두들 뭐가 그리도 바쁜지

왠지
자꾸만 슬퍼져
신 김치 한 사발에 소주 한 잔

그것도
입에 닿지 않아 그냥
내 이야기 들어줄 친구가 그리워

세상에 사람은 많아도
주변에 아는 사람이 그리 많아도
난 오늘도 속 깊은 외로움에 운다네

나) 바람결에 실려온
라일락 향기 불현듯 떠오르는 옛사랑
볼이 붉어 귀여웠던 사람
라일락 향기를 참 좋아했었지
환하게 웃는 모습이
목단꽃처럼 예쁘던 그녀
언제나 친구여야 한다던 사람
분홍빛 추억은 세월에 바래고
내 인생 황혼의 언저리에
아스라한 기억으로 남은
저녁안개 같은 아련한 그리움
목마름으로 샘을 찾듯
그리움은 한잔 술을 부르고
라일락 향기 따라 커져가는 그리움
내 젊은 날의 사랑이여

예시 가)는 「외로움」 나)는 「그리움」의 각각 전문이다. 누구나 흔히 체험하는 보편적 정서다. 그러나 본능적이고도 보편적인 정서마저 상실해버리고 사는, 무쇠 가슴이 되어버린 현대인들의 삶에서 무쇠 아닌 정으로 작동할 수 있는 가슴을 지녔다는 것은 행복한 일이다.

일찍이 고독은 죽음에 이르는 병이라고 진단했던 키에르케고르는 이 시대의 정신을 꿰뚫어 볼 줄 알았던 명의라고 할 수 있다. 외로움을 통해 죽음의 병을 진맥해내는 단독자로서의 현대병을 진단할 줄 알았기 때문이다.

예시에서 '왠지 / 혼자인 게 싫어서'나 '주변에 아는 사람이 그리 많아도' 외로움에 울 수밖에 없는 외로움은 분명히 단독자 의식이다. 존재와 존재 사이에 깊이 파여 메울 수 없는 거리로서의 卽自的 존재성은 다름 아닌 존재의 필연성을 획득하지 못한 피투된 존재 의식이다. 우연의 존재가 체험해야 했던 존재무로서의 卽自 의식 그것이 다름 아닌 단독자 의식이고, 단독자 의식에 의해 고독은 체험된다. 이를 키에르케고르는 죽음에 이르는 병으로 진단했던 것이 된다.

김기섭 시인의 경우, 그런 존재론적 외로움과는 다소 거리가 있다. 그러나 바쁜 일상에 영어된 현대인들의 소외와 소외에의 간격을 허물 수 없어 겪어야 하는 외로움도 표현은 달라도 다 같이 죽음에 이르는 병으로서의 고독과 동류항의 것으로 보아줄 수 있지 않을까. 이 점에서 단순한 정서 유희의 차원과는 다르다고 할 수 있다.

예시 나)도 항용의 정서다. 가버린 날의 저쪽에 옛 모습으로 기억에 자리하고 있는 옛사랑을 그리워하는 정서는 누구나 한번쯤은 체험해본 바 있는 보편적이고도 항용의 것이다. 그러나 예시에서의 '그리움'은 정서만의 환기가 아닌 '그리움'을 떠올리는 매체로 '라일락 향기'가 동원되고 있다. 보기에 따라서는 객관적상관물로서의 등가성의 발견일 수도 있고 또 달리는 정서와 감각이 서로 호소력으로 작용하는 공감각적 통합적 감수성으로 보아줄 수도 있게 한다. 그런가하면 '목마름으로 샘을 찾듯 / 그리움은 한잔 술을' 부른다는 '그리움'과 '한잔 술'의 속성을 빌어 동질성을 발견해내는 통합적 감수성도 사줄만 하다고 여겨진다.

해석이야 어떻건, 항용의 정서를 감각으로 이동한다거나 대체하거나 개조해내어 감각 상호간의 호소력으로 작용하게 한다면 비록 정서에 의탁하고 있지만 현대 시법과도 맥락을 잇대이는 것이 된다.

다음은 계절 감각, 자연 교감을 통한 자연 감정의 시편들을 제시하기로 한다. 사계의 사물들을 시적 대상으로 택해 형상화한 시편은 「봄 그리고 산」을 비롯 30여 편의 시를 함께 묶고 있는데 각 계절을 대표하는 메인 이미지들이 동원되고 있다.

봄과 꽃, 여름과 산골과 비, 가을과 단풍, 겨울과 눈과 같이 대부분 자동전달의 친화력이 동원되고 있는데 러시아 형식주의 식의 낯설게 쓰기나 전경화 수법이 자동전달이라는 친숙성의 것을 의도적으로 차단, 비친숙성의 것을 끌어 들여 遠引的 비유를 즐겨했던 것과는 다소 거리가 없지 않다.

그렇기는 하나 자아는 물론 계절과 자연을 상실해버린 삶의 기어에 물려 매일 조금씩 마멸되어 가는 현대인들의 삶과는 분명히 다른 자연 친화력에서 시를 출발시키고 있다는 것은 귀한 몫이 아닐 수 없을 것으로 본다. 시를 제시해본다.

가) 어제는
들녘 양지쪽에
냉이가 푸르더니

오늘은
산자락 생강나무
노오란 꽃망울을 달았다

진달래
겨우내 생기 없던 마른가지
봄을 품어 보랏빛으로 부풀었다

봄빛은 무슨 색일까
어른거리는 아지랑이 속에
들마다 골마다 봄기운이 짙어간다

나) 한 여름날 땡볕에
온도계의 빨간 막대가 한껏 치솟는다
온 몸의 땀구멍이 연신 물기를 내뿜고
진화된 인간의 노란 솜털은 모조리 지쳐 누웠다

다) 저녁 햇살이
붉은 잔광을 길게 비추다 가면
슬금슬금 내려오는 어둠

어둠에 밀려 더 빨라지는 숨소리

라) 겨울엔
하얀 눈밭에
뽀드득 뽀드득 발자국을 찍으며
함께 걸어줄 사람이
있었으면 좋겠어요

예시 가)는 「봄기운」 전문, 나)는 「한 여름날」 첫연, 다)는 「가을 숲 속」 1연 그리고 라)는 「겨울엔」 의 첫연이다. 각 계절마다 1편씩을 임의로 골라 제시했는데 예시마다 계절이나 계절 사물이 환기시키는 정서적 해석에 의탁되고 있다.

대부분의 시편들이 계절 감정이나 자연 친화력을 발상으로 서경적 진술에 의탁되고 있는데 무기교의 기교라고나 할까, 거의 레토릭이 배제되고 있으나 진솔함이 주는 설득력은 매우 크다고 할 수 있다.

예시 가)에서의 종연 '봄빛은 무슨 색일까'라고 설의한 부분을 제하면 전편은 봄 기운을 서경화한 한 장의 컷으로 펼쳐주고 있다. 예시 나)는 온도계의 빨간 막대가 치솟는 땡볕에 지쳐 늘어져 무기력할 수밖에 없는 여름의 체험을 다)는 노을녘 일몰이 몰고 오는 저녁 어스름이 환기시키는 소조함을 그리고 라)는 설원을 함께 걸으며 손이라도 잡아 건네고 싶은 체온을 그리워하는 겨울 서정을 발상으로 형상화하고 있다.

이와 같이 예시들은 예외없이 계절이 환기시키는 계절 감정이거나 계절 사물들을 빌어 형상화하고 있는데 자연 감정은 그만 두고라도 계절 감정마저 잃어버리고 사는 메말라버린 현대인의 따뜻한 체온을 감지하게 해주고 있어 친화력이 느껴진다.

끝으로 「꿈은 자유다」 외 25편여의 시를 수록하고 있는 제3부는 일상적 삶의 체험이나 체험으로 재구성한 현장성의 리얼리티를 중시하고 있는 것 같다. 시 「태백산」, 「수덕사」, 「동해 일출」 등은 현장 체험을 발상으로 형상화한 시편들이고 「퇴근길」, 「일상 」, 「낚시」 와 같은 시편들은 일상의 삶을 발상으로 형상화하고 있는 것들이다.

전자나 후자의 두 경향으로 대표되는 제3부 시편에서 몇 편을 예시해 본다.

가) 바람에 흔들리는 풍경소리
국화꽃 향기 실어 솔밭에 가득한데
아리따운 비구니는 간 곳없고
법령 높은 비구니 깊은 주름은
부처 향한 평생 연정의 깨달음이련가

나) 주말 저녁
어스름이 내려앉는 거리
시장통에 아낙의 종종 걸음
주방에 가득한 찌게 내음

부산한 자동차엔진의 떨림 속에
한 짐 가득
펑퍼짐한 엉덩이로
깔고 앉은 하루의 피로

스스르 몰려온 졸음
눈앞에 가물거리는 산골 계곡
잔뜩 찌푸린 창밖 하늘
부디 내일은 화창하기를……

예시 가)는 전자적 경우를 대표하는 「수덕사에서」 나)는 후자적 경우를 대표하는 「퇴근길」의 각각 일부이다. '수덕사'라는 절을 찾아가 현장체험이 환기시키는 정서 내지는 관념을 제구성해주고 있는데 단순한 현장성만이 아니라 불교적 禪味랄까 까지를 환기시켜주고 있다.

예시 가)의 경우가 현장 취재를 통한 시적 형상으로의 재구성이었다면 예사 나)는 바쁜 하루하루를 살아가는 소시민의 귀가를 여러 각도에서 포착, 재구성 해주고 있는데 이는 일상의 주변적인 것, 인접 적인 것들을 발상으로 하고 있는 것들로서 시인의 소박한, 그러면서도 바쁜 일상을 살아가는 소시민의 단면을 읽게 해주고 있다.

3. 결어

이상의 지적들은 김기섭 시인의 시집『유예된 서정의 유형』을 조명해 본 것으로서 이를 간추리면 결론이 될 듯 싶다.

김기섭 시인의 시는 첫째 평범하고도 일상적인 항용의 정서의 때 묻지 않은 순수를 보여주고 있다는 점에서 非情의 시대를 살아가는 현대인들에게 위안이 될 수 있을 것으로 본다,

둘째 계절을 통해 읽을 수 있는 자연 감정이나 자연 경도의 중시가 시의 진솔성의 설득력으로 작용하고 있어 자연 교감을 맛볼 수 해주고 있다.

끝으로 현장에서 본 일상의 주변에서 체험된 것들을 형상으로 재구성한 소박한 소시민의 삶을 들여다 보게 해주고 있는데 이러한 삶의 체험을 중시한 진솔함이 설득력을 얻고 있다는데 결론은 모아질 것으로 본다.

김기섭 시인은 전남 장흥 출신으로 대한웅변인협회 하남시 지부장을 역임했고 조선문학에 시가 당선되어 등단했다. 2010년 '하남시 시 공모전'에서 대상을 받았으며 하남시문인협회 회원, 조선문학 문인회 이사로 있다.

•

조선문학시인선 • 313

유예된 서정의 유형

2012년 3월 15일 인쇄
2012년 3월 20일 발행

지은이 / 김기섭
발행인 / 박진환
펴낸곳 / 조선문학사
등록번호 / 1-2733

주소 • 110-092 서울 서대문구 홍제2동96-4
대표전화 / 730-2255
팩스 / 723-9373

ISBN 978-89-93614-84-8

정가 8,000원

* 인지는 저자와 합의 하에 생략
* 잘못된 책은 서점에서 교환해 드립니다.